나의 작은 에덴동산

임미양 시집

문학의전당 시인선
398

나의 작은 에덴동산

임미양 시집

문학의전당

시인의 말

남과 같으나 조금은 다른 일상 속에서
나는 자연과 이웃, 그리고 시간의 숨결을 통해
내 삶의 결을 바라볼 수 있었다.

사소한 바람
지나가는 빛
들리지 않는 마음들 속에서
시가 태어나고
내가 다시 태어난다.

동연, 정훈, 태연
이 시집을 그대들에게 바친다.

2025년 11월
임미양

차례　　　　　　　시인의 말

제1부

명왕성　13
섬　14
고독　16
사랑꽃　17
별이 빛나는 밤　18
꽃샘추위　20
강　21
귀뚜라미　22
달과 부꾸미　24
늙음에 대하여　25
난제　26
커피　28
그땐 몰랐었네　29
그림자로 살기　30
알로에　32

제2부

프리다 칼로　35
고로 나는 유튜버다　36
내 뼛속의 목소리　38
카데바 1　40
카데바 2　41
세족식　42
이명　44
선미촌　46
균형의 연습　48
만신　49
용수 그리고 또 다른 용수　50
라그랑주점에서 쓴 편지　52
발효의 시간　54
끝까지 간다　56

제3부

잊힌 사람 59
무명씨 60
덕분에 61
코로나19 교향곡 62
도토리 64
오늘 하루만 65
오만 66
마가렛꽃 68
자몽자몽 69
우주 70
제4처 72
벚꽃과 민들레 74
응답 76

제4부

수니, 타투를 입다 79
오, 오덕 씨 80
절규 82
소나타 83
포커페이스 84
패터슨과 불도그, 마빈 86
갈색 벽화 88
엄마, 지하철을 걷다 89
레몬 오렌지 나무 90
크림빵 92
페이스메이커 93
할머니 유모차 94
도라지나물 볶으며 96
나의 작은 에덴동산 98

해설 | 인간 내면의 성찰과 시적 형상화 99
소재호(시인·문학평론가)

제1부

명왕성

수금지화목토천해명

태양의 아홉 번째 자식
그러나 이제는 파양 신세

언젠가 가보려나 꿈꿨던
저 먼 내 형제의 나라

별지기 톰보*는 뼛가루 되어
저승의 임금을 보았던가

검은 하늘 속 그 별 찾을 때
나는 한갓 먼지일 뿐

여전히 영원할
내 마음의 행성이여

---

*톰보: 1930년 명왕성 발견자.

섬

물결처럼 자꾸 내 허리를 굽이쳐 주세요
한 생을 나에게서 저물다 가세요

바람 배부르게 돛단배로 오시나요
창해의 거친 파도 위를 구름다리로 건너시나요
혼자서 가뿐히 몸만 오세요

아무도 눈치채지 못하게
늦거들랑 내 생각으로만 노을 붉히며 오세요
가만가만 휘파람새 소리로 오세요

바닷새들, 바다 가득 끼룩거려도
귀머거리로, 눈 질끈 감고
감각의 촉수로만 더듬어 오세요

그대 다가와 사랑의 깃발 하나 우뚝 세우세요
하, 부끄럽지 않은 나신(裸身)으로 오세요
펄펄 뛰는 심장 하나로만 오세요

당신을 기다리는 여기는
그리움이 위리안치 된 곳이에요

고독

열린 문이다

열어야
눈이 보이고
귀가 들린다

열려야
나를 보고
너를 듣고
우리를 맡고
땅을 맛보고
하늘을 느낀다

닫아야
비어야

열리는 문이다

사랑꽃

뿌리를 깊숙이 내리고
사람 냄새를 맡고 사람 소리를 듣는다

바람에 흔들리며
하늘을 노래하고 하늘 소리에 귀를 댄다

하늘과 땅의 주고받는 속삭임
그 속에 하늘과 사람과 땅을 담으니

드디어
세상을 여는 꽃이 된다

별이 빛나는 밤
—고흐를 읽는 밤

돈 맥클린의 기타가 노래한다
"아마도 그들은 듣고 있지 않을 거예요"

잠자는 교회 첨탑과
비둘기 울음 굴러내리는 지붕 위로
붉은 별들이 빙빙 도는구나
어느덧 맑고 푸르른 나도
한 채의 나무로 돌고 있다

어지럽다, 손을 저어 별들을 밀어내니
초록 바람 불어와
황량한 들녘을 건너가고
어디선가 다시 몰려온 붉은 별들
산 위에 핏발선 채 쏟아진다

달과 별이 돌고
지붕들은 팽이가 되고
나는 멈춰버린 시간의 중심축이 된다

낮과 밤으로 소용돌이치는
세상의 풍경을 노래한다

내 영혼의 떠돌이 자유여
"별을 바라보는 것은 언제나 나를 꿈꾸게 해"

꽃샘추위

　시베리아 바람이 다시 찾아왔다. 명색이 춘분인데 꽃샘에 설늙은이 얼어 죽기라도 하겠다. 지천명을 넘고 있는 신부님의 목소리가 진동으로 사라지고 따뜻하게 성령의 훈김이라도 받으시길 기도해야지. 성당 옆 천변 산수유는 며칠 전부터 페로몬을 품어낸다. 진분홍 벚은 차례를 셈하며 꽃눈을 뜰 준비를 한다. 복개공사에 실같이 좁아진 시냇가에 청둥오리만 바쁘다. 조만간 날씨가 풀린다는데 소월의 진달래 바람보단 병아리의 노란 바람이면 더 좋겠다. 파스텔 색조 노랑이면 더 좋겠다. 가슴 속살 빼꼼히 내보이게……

강

그저 소리 없이 가고 싶다.
앞을 막아선 자갈과 바윗돌, 사정없이 후려치는 바람, 그리고 낭떠러지
입을 틀어막아도 참지 못해 터지는 아우성
그래도 내 속에 선한 염원만을 담아 가고 싶다.

기억나지 않는 태초의 자리
찬란한 빛, 영롱한 보석들, 그리고 향기 나는 꽃과 나무
날개 돋아 들썩이는 어깨춤
절로 나오는 웃음과 노랫소리가 유혹해도
나는 흘러가리라.

그렇게 바다에 이르러
힘든 땀방울들 모여 썩지 않는 거대한 샘을 이루나니
너, 나 여기서 하나가 되자.

귀뚜라미

네 말뿐이구나
어둠의 골짜기를 지나
두려움에 네 목청 떨리는구나
분한 것이니?

내 얘기도 좀 들어봐
듣는 귀는 없다고?
어둠의 장벽을 넘어봐

가끔은 정적도 필요해
나는 네 귀가 되련다

밤의 바깥을 달구는 건
네 목청뿐이구나

어둠의 둑을 넘어
세상의 틈과 틈바구니에서
실컷 울어라

소리의 허물을 벗고
네 가슴의 귀로 너를 들어라

달과 부꾸미

정월 대보름 마당 한가운데 달을 보고 섰다

모두들 화들짝,
계수나무와 옥토끼는 어디 가고
둥그런 부꾸미만 방긋 웃고 있다

그 후, 부꾸미 먹을 때면 달이 가슴 한가득
별도 바람도 함께 한가득

늙음에 대하여

포식자의 눈초리로
어깨의 승모근 터지게 치올리고
아랫배 차지게 복근을 만들어
애면글면 뱁새걸음 종종대며
숯가슴 감추고 간신히 갔더니만
끝은 시작이라고
당당한 풍신은 온데간데없고
주름진 손아귀 힘도 빠지고
마음의 힘마저 백발이 되었더니
그제사 우러러 하늘이 보이고
우주가 나를 품에 안는다

난제

어젯밤 못 푼 문제
눈꺼풀 열 근에, 몸은 백 근
비몽사몽 나를 붙잡아놓고
몰라, 모르겠어, 난 몰라
끝이 어딜까

세 시에 잿빛 알람
수도승의 머릿속 안개
휘장을 걷어내고
의지를 모아 힘껏 연필을 쥐어
사천팔백열 번째 문제를 푼다

새벽빛 더 어두워지고
더 이상 못 하겠거든
내려놓자, 놔버리자
비우자, 비워보자

화로를 머리에 이고

내 길이 어딘지 뚫어져라 바라보자
봉투 속 매일 문제와 면벽해
리만 가설 같을지라도
혼자서, 또 같이 풀어보자

커피

한 모금에 바람이 불고
한 모금에 마음이 뜨거워지고
한 모금에 생각은 꼬리를 물고
한 모금에 비가를 부르고
한 모금에 뼛속까지 두렵다

시고, 쓰고, 달고, 맵고, 쓰다

여기에 숨결이 다 들어 있었다
우주가 들어 있었다

한 모금 심연의 떨림으로
그렇게 내게 왔다

그땐 몰랐었네

저기 저 동산에 살았을 적
사자 꼬리치며 새끼 양과 뛰어놀고
독수리 날갯짓에 함박 웃던

사랑을 모르고도
사랑을 살던

저기 저 동산을 떠날 적
가죽옷 입고 하염없는 눈물로
고통을 껴안아야 했던
그때는 정말 몰랐었네

너와 내가 바로 그 사랑인 것을
너는 이미 나였다는 것을

그림자로 살기

습관적으로 그림자로 산다
그것은 시간이 만들어낸 함정이다
습관을 지우기 위해
오체투지 한 날들이 있었고
시간이 만든 근육 사이로
봄은 오고 가을이 지나갔다

유리벽이 만든 안과 밖은
혹독하게 무덥거나 추운 풍경이었다
여름과 겨울 풍경은 수다로 지나갔다
붉은 카펫이 바다로 향했다
짧은 정적이 멈춤이라는 시간을 만들고
나는 서슴없이 안으로 들어가
바다가 되었다
더 이상 나는 밖에 존재하지 않았다

자아(自我)가 사라졌다
익숙하게 인식하였던

모든 감각이 하나가 되었다
더는 존재하지도 않고
나누어지지도 않았다
모든 강물이 바다가 되고
새는 허공이 되었다
나는 귀의(歸依)한다고 혼잣말을 했다

알로에

쓰디쓴 칼날,
슥삭 베어내면
투명한 피가 흐른다

화상 위에 스며드는 차가움
허기 속에 미끄러지는 따뜻함

햇빛에 갈라진
물 한 모금에 부푼다

상처와 허기를 적시는
푸른 몸 하나

제2부

프리다 칼로

캔버스 앞에 섰다 침대에 누워
서른다섯 번 토르티야로 말았던 몸뚱어리
그저 붓만 홀로 그리고 있다

못 박힌 나도 부활할까
세상은 비단꽃인데 칠흑의 방에 누워 있다
난 여기 있는데 신은 죽었다

하나의 고통마다 붓질 한번
초록 드레스에 자줏빛 달리아 꽃은 머리
이미 이름 없는 태양 저편에 가 있다

캔버스 앞에 누웠다
꽃잎 휘날리며 걸어 나와
파란 하늘, 파란 바다를 품는다

젖무덤에 기댄
파란 미소 한 점

고로 나는 유튜버다

카메라 앞에서 버거킹 포장을 천천히 벗긴다
무감각한 혀, 흔들리는 치아가 질경질경 씹는다
질긴 패티, 시큰한 통증을 삼키며 끝까지 먹는다
콜라가 패티를 쓸어내린다
구멍은 비데처럼 시원하다
앤디 워홀은 먹는 걸 사랑했을까, 혐오했을까
나는 먹는다
고로 나는 브랜드다

몸무게 사십도 안 될 것 같은 그녀다
짜장면, 라면, 마라탕, 피자, 양념치킨, 떡볶이까지
목에서 면발을 뽑다 보면
언젠간 가래떡도 나올까
홀쭉한 배엔 블랙홀이 있었고
그곳에 들어가면 검은 연기로 사라지는 걸까
아무리 먹어도 살이 찌지 않는다
대리만족을 준다
고로 나는 먹방 유튜버다

TV는 온통 먹는다
이 채널도 저 채널도 먹고 또 먹는다
진행자도 푸짐해 보인다
여럿이 한꺼번에 화면을 가득 채우고
땀을 뻘뻘 흘리며
접시 위에 또 접시를 얹는다
오늘 밤 안으론 방송이 끝나지 않을 것 같다
케첩은 영수증을 찍어 먹어도 맛있다
식당은 나의 후원자다
고로 나는 잘 먹어줘야 한다

내 뼛속의 목소리

익숙한 말소리는 점점 퇴적되어
귓바퀴 뒤쪽으로 밀려나고
내 이름은 한 장의 뼈에 새겨져 있다
누구도 모르게 가슴을 파내어
척추 밑바닥쯤에 묻어둔 후회까지
연필심보다 무른 손끝으로 눌러 적어
하얀 재로 제본한 책을 만들었다

용서한 만큼 용서받기를 바랐지만
내 선행은 얄팍한 부록이었고
잘못은 책등을 삐뚤게 밀어냈다
그래서 나는 자줏빛 옷자락을 걸치고
식은 재를 눈썹 위까지 끌어올렸다

나는 나신으로 돌아가야 했다
순백의 누에껍질 같은 옷을 입을 때까지
그러자 투명한 내가 반짝이며
뼛속 깊이 울리는 소리로 움직였다

빛은 말을 하지 않았고
소리는 얼굴을 갖지 않았다

그리운 이를 만나고 싶다면
그리운 목소리를 기억하라고 했지
다만 예외는 있다
두 번 사는 게 끔찍한 이들이 있을 테니까
귓등으로 말을 듣던 남편이나
끝까지 귀 막고 살던 아내라든가

그럴 땐 조용히 청원하라
그의 목소리를 잊게 해달라고
기도문은 아주 짧게 그러나 확실하게
'그 목소리 제발 지워주세요'
누구나 선택할 수 있다

카데바* 1

백색의 성곽을 지나
냉기 서린 회랑을 건너면
칠흑 위에 떠오른 흰 이름
―해부학 실습실

까맣게 끝이 먹은 형광등 밑에는
흰 광목 한 조각도 덮지 않은
나신이 나를 기다린다

포르말린이
가운 속을 파고든다

묵념
감사합니다

---

*카데바: 해부학 실습에 사용하는 시신.

카데바 2

신원에 대해 누구도 묻지 않는다

핏기 없는 얼굴이 찡그리는가
텅 빈 마른 눈에 눈물이 고이는가
전중에는 아픔이 짓누르는가

차가운 철제 베드에 남겨두고
분해되었다가 다시 추스려 주섬주섬
모은 나를 가지고 나온다

시커먼 복도를 유령처럼 걸어
그림자도 따르지 않는 길을 따라

벚꽃은 아직, 지지 않았을까

세족식

발은 좁디좁은 수영장 안에서 허우적대고 있었다
검은 물이 콧속까지 차오르고 맨홀 안 폐수는
쓰나미처럼 담장을 넘어 발을 휘감았다
익사하지 않으려 발은 파문을 그리며 안간힘을 썼다

퉁퉁 부은 발은 장화에 갇힌 채
하루를 다 삼키고서야 겨우 꺼낼 수 있었다
진흙밭에 무릎이 꺾여도 발은 물러서지 않고
끈적한 땅을 밀며 걸음을 만들어냈다

파도는 배를 희롱하고
돛대는 부서진 목처럼 흔들렸지만
황소 발바닥에 맺힌 땀으로 시간은 붙들렸고
귀하게 조명받을 일도 없건만 발은 쓰러졌다
오늘에서야 비로소
노동의 장화를 벗겨 거꾸로 말리고
소금에 전 양말을 조용히 걷어낸다
거품 이는 물에 발을 담그고 따뜻한 손길을 보낸다

묵묵한 당신의 이름 앞에
몸을 낮추고 그대 등에 입을 맞춘다

이명

조용한 밤, 가까이 들려온다
여기가 바닷가인가,
모래를 씻는 물결 소리
마음을 모을수록 더욱 밀려온다
내 안의 앙금을 쓸어내고 있다

끈적한 바람뿐인 여름 한밤
귀를 파고드는 매미 울음
화답 없는 부름에 가슴이 저며
후벼판 멍 자국만 처연하다
사랑도 후회도 저음으로 사라진다

계곡물이 조용히 속삭인다
그 발원은 어디쯤일까
두 손으로 치켜올리려는 순간마다
흐리고 솟고 스며드는 생명
고요한 자리, 나를 다시 듣는다

침묵의 귀에 파문이 일고
심장이 나를 부르는 소리를 듣는다
보채며 다가갈 때 기척 없더니
이제야 소리로 나를 깨운다
맨 안쪽, 들리지 않는 그곳에서

선미촌

둑 너머에 그녀는 살고 있었다. 그녀는 언니를 뒤따라 다소곳이 들어왔다. 길거리 지날 때 익숙했던 쪼그만 얼굴이었다. 언니하고 같이 산다는데 성은 달랐다. 다소 긴장한 표정으로 묻는 말에도 언니가 대신 답했다. 침을 맞는데도 미동도 없던 언니였다. 완숙하고 달관을 넘어 무표정이었다. 천장만 응시한 채 보채는 기색도 없었다. "얘가 몸이 너무 약해 보약이 필요해서요." 하초는 어그러진 약맥, 망진으로도 허약하다. 그 또래 복숭아 분내 하나 없이 희끄무레, 하복부엔 냉기, 온몸에 얼음 파편이 꽂혔다. 전중에는 깊숙이 묻어둔 매듭을 누르면 말 한마디 없던 비명이 터져 나왔다.

그 이후 나는 둑 너머 길을 피했다. 옆 동네를 빠르게 갈 수 있어도 정육점 불빛에 혹여 그녀를 알아보게 될까 떨리는 마음이었다. 높고 하얀 통굽 구두를 신고 미니스커트를 입은 그녀를 거기서 만난다면 어떻게 해야 할지 난감했다. 조용하고 평화롭기만 한, 오후까지 자야 하는 그녀들을 생각하며 그녀들이 없는 길을 지났다. 붉은 노을은 숨고, 서서히 정육점 불은 켜지고 쇼케이스에 잔뜩 분칠한 그녀가 걸쳐져 있었다. 먹

잇감을 감정하는 포식자를 기꺼이 기다리며 자정이 다 가도록 봐주는 사람이 없었다. 생각도 없었다. 그러다 문득 기억이 오래 묵은 나뭇가지처럼 손을 뻗었다. 만취한 아버지 고함에다 욕지거리, 엄마와 동생의 울음소리에 집을 뛰쳐나왔다. 문이 닫히는 소리와 그날의 숨결은 아직 거기 남아 있었다.

 둑 너머 길을 서서히 지났다. 참으로 오랜만이다. 이십 년은 족히 지났을까. 캄캄한 고요, 정육점 불빛은 더 이상 없다. 흰 수건 내걸렸던 허름한 집들도 사라졌다. 철거의 먼지, 망치가 부수고 때리는 소리, 그녀는 어디로 갔을까. 지금쯤 그 바다의 중늙은이 되었을 텐데. 무른 슬리퍼 신고 여인숙 창문 너머 바라보는지, 살아서 나오지 못한다는 어느 섬에 갇혔는지, 그녀를 아껴줄 장부를 만났는지 그렇게 그림자 하나 남기고 총총히 사라졌다.

균형의 연습

안식의 바다에서 나왔다
기쁨은 거의 전부였고
고통은 손톱 끝만큼이었다

날이 가고, 달이 가고
매일 파도를 탔다
오십일의 기쁨, 사십구의 무거움
사십구의 미소, 오십일의 어둠

또 하루가 지나고 달빛은 다시 찼다
기쁨은 희미해지고
고통은 몸속으로 스며들었다

구원은 아직 먼 곳
바다는 대답하지 않는다

조각배 하나,
조용히 띄워보리라

만신

시름시름 안 아픈 데가 없단다
두 해째 누렇게 뜬 얼굴 허공 속 말
밤새 공중에 있다 물에 빠졌다 살아나고
언니야 정신 차려라 눈빛만 파랗더니
온몸이 투명한 해파리다 이목구비 없이
허상으로 텅— 비었다

꽹과리, 피리, 북, 장구, 징 소리 하늘을 뚫으니
금화, 비단꽃은 텅 빈 하늘 오르내리고
하얀 방울 소리 정적에 묻힌다
소리는 없다 귀 기울여 소리를 듣는다

내 딸아 네 태가 너와 날 묶어 놓았다
나를 받아라 나의 모든 것을 너에게 준다
서슬 퍼런 칼날 위를 맨발로 걸을 때
붉은 피 뚝뚝 흘리는 심장을 들여다보아라
너와 모두 이 태로 이어진 하나이다
작두 위에서 애기꽃이 미소한다

용수 그리고 또 다른 용수

용수라는 이름을 듣는 것만으로도
혓바닥 안쪽이 쓰라려 왔다
연출가였던 김용수를 만났을 때
왜 난 어릴 적 용수가 금방 떠올랐을까
유일한 성악과 입학생이었다던 그는
내가 알고 있는 용수도 아닌데

꽤 넓은 집들이 있던 옛 동네
그 동네에서 용수는 몹시 특이했다
찢어진 눈매 허공을 긁던 아이였다
입술은 두툼하고 뒤뚱거리는 걸음
바비인형 같은 두 여동생도 있었다

그는 소리로 동네를 헤집었다
기죽지 않던 용수는 기억보다 더 컸다
며느릴 미워한 할머니의 눈칫밥에
주눅 든 나하고는 너무 달랐다
그러던 어느 날부터 그가 사라졌다

나는 묻지 않았다
죽은 듯 아무도 말하지 않았다
내 입속에도 그 이름은 들어 있지 않았다

오랜 뒤
김용수가 〈엔딩 크레딧〉에 나왔을 때
그 이름을 하염없이 바라보았다

나는 지금도
허공을 향해 그 아이의 걸음을 기억한다

라그랑주점에서 쓴 편지

7월 20일
지구를 떠난 지 3년 7개월
150만 킬로미터를 건너왔다
지구와 태양의 인력 사이
균형이라는 말, 우주에도 존재한다

제임스 웹의 눈동자에 붙어
나는 투명한 먼지로 탑승했다
무산소, 무중력, 무심한 시간 속
지구에서는 보이지 않는 여기서
나는 여전히 살아 있다

잠든 은하의 심장 박동
소멸과 탄생의 교차점
숨결도 닿지 않는 바깥에서
나는 빛의 파편을 수집하는 거미줄에서
창백한 메탄의 숨결을 들었다
한 시절의 폭발이

숨처럼 되돌아오는 것을 느꼈다

그곳은 지구라 불리던 푸른 입김의 별
이산화탄소를 지워도 남는 건 손바닥 크기의 그늘뿐

내가 찾는 건
어머니의 체온이었다

우주가 식고
10년, 20년 지나 그가 눈을 감는 날
나는 돌아갈 것이다

다시 숨 쉴 별 하나를 품고
그 별의 끝자락에서
누군가 내 이름을 불러준다면

발효의 시간

나는 빵이다
햇살이 목을 태우는 날에도
폭풍에 쓰러진 날에도
나는 다시 일어선다
자존심은 쉽게 부서지지 않는다

내 유전은 가루가 되었고
손에 쥐어진 채
치대지고, 두들겨졌다
누룩이 스며들고
하루가 지나
나는 불어나기 시작했다
시련의 오븐이
날 기다리고 있었다

나는 포도주다
햇빛과 바람의 눈길을 견디고
마침내 열매를 맺었다

함지박 속에서 으깨지고
포도확 아래 발길에 짓눌린다
숨을 죽인 효모가 안에서 부풀고
부대는 헌 채로 버티지 못한다

이제 오크통
묵직한 침묵 속에서
나는
천천히
익어간다

끝까지 간다

끝까지 가야 한다는 구겨진 말
한쪽 눈동자에만 남아 있다

그가 멀어졌다
얼굴도 보이지 않는다

뒤돌아보지 않는 등
실핏줄처럼 흩어지는 숨소리

몸이 먼저 사라졌고
대사만 남았다

끝까지—

의자에 앉은 바닥
꺼진 자막 아래 남은 감정은 아직
발밑 어딘가에서
꿈틀대고 있다

제3부

잊힌 사람

햇살 품은 금계국
보랏빛 가지꽃 사이
일벌들, 혼자인 듯 여럿인 듯
작은 날개들 분주해진다
이카로스의 날갯죽지
햇살의 뒷면까지 건넌다

산책하는 강아지들
흙 위에 김 나는 똥만 남기고 간다
쉬파리, 햇살의 반대편에서
한 마리, 두 마리
열 마리가 가세한다
이만큼은 내 것이다

옆집 할머니가 굶어 죽었다고
올겨울 살 방법을 알려준다 했었는데
무언가 잃은 듯하다

무명씨

동틀 무렵
창밖에 푸른빛 하나 잠깐 보이고는
이내 쏜살같이 사라져 버리기에
주섬주섬 윗도리 꿰입고
앞마당에 나가보니 아무런 기척 없다
수선화 가득한 화단 가장자리
파리한 새싹 하나 날 바라본다
어제저녁 뵈지 않더니
밤새 땅 밑에서 산고를 겪었던가
둥실 떠올라 빛나는 햇살에
연두의 새싹이 이내 눈을 감는다
우주를 고이 담은 씨앗이여
이름이 없다 한들 소중한 생명이거니
눈부신 하늘의 해와
땅의 꽃과 어울려 찬양을 하리
넌 이 세상 오직 하나뿐임을

덕분에

아침 산책하다가
발아래 떨어진 나뭇잎 주워 들여다본다

벌레 먹어
구멍도 숭숭

나뭇잎 들고 공중에 비추니
구멍 속에 하늘이 있어

벌레 덕분에
아침부터 하늘을 보았다

코로나19 교향곡

베토벤을 듣는다
자유, 평등, 박애를 부르짖는 이들의 외침
'내 사전에 불가능은 없다' 알프스를 넘고
왕관을 집어 스스로 머리에 올린 자여

아우성을 듣는다
공포, 두려움, 불안에 떠는 자들의 외침
마스크로 가려진 울상에 죽어버린 눈동자
문을 잠그고 스스로를 감옥에 가둔 자여

지구의 탄식을 듣는다
아마존 숲이 사라지고 오존층이 뚫리고
빙하는 녹아내리고 몬도가네 먹자판에
마침내 스스로 가슴에 붙인 수인번호 19

오, 황제여
이제 그만 자리에서 내려오라
가슴 멍든 교훈을 결코 잊지 않으리니

왕관은 벗어 바닷속에 던져버려라

속죄의 침묵으로 마지막 악장을 듣는다

도토리

산길 오르다 발길에 차인 도토리
화려한 모자 벗어버리고 누굴 기다리나

조금 더 오르다 마주친 다람쥐
발소리에 쏜살같이 상수리나무 올라
나무 사이 공중을 난다

뒷짐 지고 산길 오르던 할머니
도토리 연신 주워 담아
무거워진 주머니 불룩하다

다람쥐는 양 볼이 미어터지고
할머니는 양 주머니가 미어터진다

도토리는 다람쥐 안에도 살고
할머니 밥상 위에도 살고

오늘 하루만

비몽사몽 핸드폰이 운다
지치지도 않고 울어댄다
앙 앙 앙 앙 앙

딱 하루만

그래
딱 오늘 하루만
잘 살아보는 거야

땅속으로 들어간 날 꺼낸다
꽃을 따라 노래한다
라 라 라 라 라

오만

텃밭 한쪽에 금어초
자주에서 주황, 노랑까지
온갖 색색 뿜어내며
뽐내고 서 있어

꽃잎 벌려보니 물고기 입
온종일 뻐끔대며 삼켰을 욕망이
그 안에 꽉 차 있어

톡톡 따온 수다쟁이 꽃들
조심스레 덖어
뜨거운 찻물 위에 올리니
그제야 고개 숙인다

소곤대던 뒷담화
이제 모든 걸 뒤로하고
가난한 마음으로
그윽한 향과 맛만 남기리

남은 자들을 위한 기원
겸손히 살게 하소서
한없이 낮추어 주소서
부디 입을 멀게 하소서

마가렛꽃

대문 옆 흙만 조금 돋우어 만든 화단
어느 날 온통 순백이라 설레어 보니
일부러 심지 않아 궁금했던 푸른 순
마음에 간직했던 하얀 사랑을 피웠네

트로이 노예 소녀 찾아 나선 아빠
끝내 보지 못한 이별과 저승의 해후
진실한 사랑을 가슴에 품은 자유
하얀 꽃이 되어 사계절 피어나느니

아빠의 사랑을 그리워하는 이 세상
딸들의 영혼이 담긴 꽃으로 생겨나
그 향기 온 땅 휘돌아 하늘로 피어올라
구름 위 미소짓는 천사들에게 바치는가

자몽자몽

신시가지 뒷골목 소줏집
깜빡거리는 네온 간판 사이
아들은 흐느적 우뭇가사리이고,
구도심 육자배기 자매식당
돼지껍데기 안주에 막걸리 걸친 아버지가
자정 지나
꽉 닫힌 대문 앞에서 만났다
꼬인 팔자걸음, 찬물 맞아 놀란 듯이
가만히 서로를 바라보다
한바탕 속풀이로 푸하하, 크하하
비몽 간에 마누라 악다구니 뒤로하고
어깨동무 부자가 대문이 부서져라
박차고 들어간다

한참 동안 술내 깊은 포옹

---

*자몽자몽: 졸릴 때처럼 정신이 흐릿한 상태.

우주

어느 날
그가 나를 품었다

나는 그의 터전
여기서 그를 나는 잊었다

잊었다
그의 목소리까지도 전부

아이를 품고서야
문득 슬며시 아지랑이로
그가 올라왔다

진작부터 그는 내 안에도
내 밖에도 있었는데

잊고 살았다

그가 나이고
내가 곧 그인 것을

그제야
나는 그를 품었다

제4처*

붉은 동백꽃,
빛바랜 주홍 되어
꽃샘바람에 날린다 아득한 벼랑으로
툭툭 떨어지는 눈물꽃
산새들은 한 줌씩 봄을 나르고 있는데

하염없던 눈물 한 방울도 안 남아
이젠 피가 눈물 되어 상처를 씻는다
말라버린 산송장, 깊은 주름 할미가
아들 손을 잡는다
적막의 길섶, 무거운 고요

가엾은 테오토코스**,
아들 곁에서 하늘은 눈을 감는다
온몸으로 십자 기둥 붙잡고
예전처럼 핏덩이를 닦으며
사랑하는 아들, 나의 하느님!

맞은편 어둔 산속 소쩍새 울음

까맣게 타버린 가슴을 쫀다

---

*제4처: 예수와 성모 서로 만나심.
**테오토코스: 하느님의 어머니.

벚꽃과 민들레

아파트 담장에 한 손으로 턱 받치고 한 팔 쭉 뻗어 반쯤 뜬 꽃눈 주위 살핀다 찌뿌둥 움츠렸던 어깨 들썩 하늘 향한 손짓에 까치 화들짝 달아나 버린다 덜 깬 눈 비벼 눈곱 한 꺼풀씩 떨쳐내고 눈을 뜬다

된바람에 끌려가다 겨우 내려앉은 아파트 화단이다 이리저리 뒹굴다 담장 밑자락에 뿌리를 내린다 따스한 햇볕이 사라지기 전 온기를 듬뿍 받아놔야겠다 원치 않아도 가을은 온다 어디선가 낙엽 뒹구는 소리가 들린다

귀 기울여 들어본다 친구야 이름도 없이 부른다 정적의 동네 골목 돌면서 심심한 동무 지쳐 구하듯 여리고 느릿한 목소리다 담장 밑의 기지개 켜는 소리 두 손 턱 받치고 두리번거린다 조막만 한 황금꽃이 머리 꼿꼿이 쳐들고 날 올려다보고 있다 찬란한 기세다

친구를 만났다 포근한 눈 이불을 덮을 때까지 열린 마음이면 되겠지 네 얘기 듣고 내 얘기하며 생의 신비를 나누리라

우리 이야기 잇고 이어 묵주로 하나씩 꿰어보리라 그 묵주 한 단 한 단 돌리면 네가 보고 싶겠지

응답

쟁반에 담아 향을 피운다
오늘은 그래도 연기가 잘 퍼져나간다
미소 절로 나는 장미 향이다
오월이면 성당 울타리를 빙 돌아 피는
그 빨간 장미 향이다
그래도 요 며칠 잘 살아냈나 보다
모두들 온몸으로 향내 받으려 한다
어느 날 내가 구리거나
누군가 구린내 풍길 때면
서로 코를 막고 서로 탓을 하면서
총총히 바쁘게 등을 지고 갔을 텐데
옆에서 프리지어 향으로 피워 오를 때
함께 올라가는 기쁨이라니
내일도 어김없이 향을 피우리라
나를 태우리라
연기로 스러지듯 오르리라

제4부

수니, 타투를 입다

수니, 순이 씨
허리가 아프다는 그녀의 웃옷을 걷자
왼쪽 등판, 윗팔, 겨드랑이
껍질이 무너지고 진피가 솟은 자리
하얀 흔적이 응고되어 있다
화상의 잔재다

그녀를 위해 무엇을 해줄까
침, 부항, 약침, 추나, 매선……
아니다, 큰맘 먹고
한 가지 해줄 게 있다

슥삭슥삭, 흐르는 살빛을 꿰매듯
타투를 입힌다
살 색 타 투
이제, 수니 씨가
일흔 해 만에 웃고 있다
녹아내린 이를 환히 드러내고

오, 오덕 씨

삼십 년 넘게
그 동네, 그 아파트, 그 삼 층
철제 대문은 언제나 걸친 채
한 손으로도 열리는 집
오덕 씨의 집은 늘 열려 있다
주름진 게시판 아래 글씨처럼
또박또박 계단을 오른다
화요일 오후 한 시
천변을 지나 삼천동에서 송천동
그 긴 골목 같은 거리도
한 줄기 바람처럼 건넌다
문틈 사이로 흐르는 베이비파우더 냄새
방문 목욕 마친 남편은 아기처럼 자고
오덕 씨는 팔을 괴고 눕는다
중풍이 온 지 오 년,
왼쪽 팔다리는 굳었고
말수는 줄었지만
그의 굽은 등에 따라붙은 이야기들

말보다 더 많은 것들을 방바닥이 듣고 있다
배운 적 없는 계산
손끝으로 외워 다닌 숫자
그래도 오늘은
꼬깃꼬깃 천 원짜리 몇 장 내민다
"수중이 말랐어.
더운데 아이스크림이라도 사 묵어."
그 시절, 곱고 예뻤을 오덕 씨를
가슴에 안는다
차가 주차장을 빠져나갈 때까지
그 손은 아직 흔들리고 있다
말없이, 오랫동안

절규

해는 피요르를 넘어
붉은 칼날처럼 밀려온다
붉은 하늘은 무늬도 없다
숨 쉴 틈도 없다
피요르의 제단이 나를 핥는다
나를 삼킨다
성난 자연은 피로 달랜다고 했다
제대 위, 뼈만 남은 제물
소리는 파동이 되고
어린 왕자의 붉은 노을처럼
나도 함께 사라진다
멀고 슬프고 조용한 풍경
붉은 기운, 금빛으로 퇴색하고
다시 피어, 나로 남는다
피요르의 수면
침묵의 심연
거기서 나를 건진다

소나타

라흐마니노프의 피아노 소나타 2번이 심장처럼 뛴다
피아노 건반 아래는 기름 낀 심장이 있다
이십 년을 뛴 기억들이 아직도 발밑에서 웅크리고 있다
마지막 일 년을 같이한 아들은 단단한 침묵으로 진단서를 내민다
'재활은 불가능합니다'
코팅이 벗겨진 지붕 아래 너는 마지막 빛을 마셨다
'삼 분 뒤 도착' 견인차는 시간을 끌고 오고
아직 뜨거운 네 심장을 기억하는 손으로
손잡이를, 계기판을, 변속기 아래의 침묵을 만졌다
휘어진 골목 어귀에 남겨진 작은 진동 하나
바퀴는 울지 않았다 나도 울지 않았다
잘 가, 나의 뼈 없는 친구
내가 가장 길게 안았던 엔진의 무덤이여

포커페이스

하트로 조합된 내 혈관
10, J, Q, K, A
입을 다문 자들이 무늬를 맞춘다
종잇장 얼굴에 숫자가 눌어붙는다
9 하나, 9 둘, 9 셋, 9 넷
이건 겹치는 맥박이자, 증명서다

룰은 있다, 없다 한다
손안의 조합,
보이지 않는 손금처럼
가장 많은 것을 숨긴 자가 이긴다

네 표정은 매무새 없는 창
빛도 그림자도 지나지 않는 방
나는 손등 위에 감정을 얹는다

보았지? 물지 마, 물어뜯지 마
입술 아래 내장이 웅크린다

오래된 일상의 내 얼굴
숨죽이는 법을 너무 잘 배웠다

패터슨과 불도그, 마빈

뉴저지주 / 작은 도시 / 패터슨
내 주인도 패터슨

여섯 시 / 시리얼 / 출근
시내버스 운전
폭포 옆 점심 도시락

우편함을 눕혀 버리고
그는 세우고
나는 기다린다

직장동료 / 래퍼 / 쌍둥이 소녀 시인
동네 바 / 맥주 한 잔

시, 비밀노트 / 로라만 읽는다
토요일 / 나는 찢었다
겁에 질린 손 / 조각난 종이

"네가 너무 미워, 마빈"

다음날, 빈 노트
일본인 시인의 선물
가장 많은 가능성
폭포는 여전하다

월요일, 다시 시작

같은 패터슨
다른 패터슨

―――――――
*짐 자무시의 영화 〈패터슨〉을 보고.

갈색 벽화

늦게 얻은 아들 하나
쪼그라든 시골집, 한 뼘 밭뙈기
내던지고, 며느리네 집으로 올라왔다
시간의 모서리가 혀끝을 긁는다
목젖 밑에서 뱅뱅 돌던 말
내가 누군데 나를 말하나
기억이 스며든다
하얗게 지워지고 까맣게 먹칠된다
후퇴하는 뇌의 풍경
이마 뒤에서 파헤쳐지는 광맥
과거를 뚜렷이 채굴한다
초점 없는 시선은 시계를 뚫고
죽은 시간의 심장을 바라본다
그리고 그 벽에 슥삭슥삭 그림을 그린다
갈색 벽화는 추상이다
냄새가 나를 지운다
오늘은 누구를 만나러 나설까
어디쯤 내 이름이 기다리고 있을까

엄마, 지하철을 걷다

야탑역 에스컬레이터 앞
조심성 많은 우리 엄마
환갑 넘은 딸 행여 넘어질까
야야, 꼭 붙들어라
작고 단단한 발걸음
고운 화장에 장식 모자
지하철 먼 바람이 분다
내 손 붙잡고 먼저 뛰고
나는 숨만 따라간다
경로석에 앉은 엄마
문가에서 다시 내 손 잡고
이리 와, 문 열린다
정자역 발치엔 교당이 있다
엄마 나이 구십
오늘도 지하철로 걷는다

레몬 오렌지 나무

서쪽 아파트 건물 사이
뜨거운 빛

돋보기가 된 창문
눈을 찌푸린다

그 자리에 나무 하나

성당 바자회
요셉 형제의 손

제제의 나무일까
말하는 열매일까

조금씩 커져
손에 움키기 벅찰 때
떨어질까
받침을 해준다

나는 기다린다
흐뭇한 미소
떨어지는 순간

푸른 나무는 보람
열매는 희망

내 안에서
다시 살아나다

크림빵

10원짜리 빵이었다
손바닥만 한 둥근 빵 속에
혀끝으로 더듬던 흰 크림의 세계

달콤함은 어린 날의 공백을 메우고
작은 주머니 속 동전은
한 끼의 우주가 되었다

기쁠 때나 슬플 때나
나보다 먼저 늙지 않았다

이제 나는 추억을 크림처럼 핥을 줄 안다
사소한 사물에 내가 붙인 의미들,
그 상징이 나를 삼킨다

웃음처럼 터지는 크림 한 입,
행복이 다시 스며든다

페이스메이커

나는 주인공이 아니다

지친 발바닥과 동행하며
힘을 실어주고

물을 건네고
열을 식히고

마지막 지점까지
포기란 없다

더 이상 필요 없을 때
나는 사라진다

할머니 유모차

처음 먼 길을 가야 했을 때
나는 유모차에 올랐다
푸른 하늘, 새 한 마리
두 손으로 잡아 놀다
훌쩍 날아가 버렸다

속력을 내던 바퀴,
세상은 빙그르르 돌고
나는 하늘에 풍덩 빠졌다

꿈처럼 지나와
허리는 굽고, 척추는 갇혔다
이제는 내가 유모차를 민다
넘어지지 않으려
손잡이를 꼭 붙든다

가끔 멈추어 허리를 펴고
하늘을 올려다본다

새가 잡힐 듯,
비행기는 소리 없이
평화를 가른다

도라지나물 볶으며

도라지나물 볶다가
서쪽 하늘 노을빛 어머니 생각에
참기름 대신 눈물 몇 방울 뚝뚝
가슴까지 희뿌옇습니다

김장김치 담그려 몰려 온
품앗이 아주머니 웃음소리 사이사이
간간이 팔순 어머니는 쿨럭쿨럭
기침 소리는 창문에 부딪혀 와
가슴 찡하게 울립니다

며칠 밤잠 설치고
배추 절이며 찾아든 감기도
어머니에게 손님으로 왈칵 다가와
이리저리 뒤척이며 토막잠 주무십니다

소금 한 줌, 아등아등 씻어
양념 고루 도라지나물을 볶습니다

기침에 도라지 그만이다 하여
어머니 밥상에 올렸는데
아예 입맛을 잃으셨나 봅니다

어머니 하늘빛 얼굴 우러르니
창밖으로 곱디고운 노을이 한 짐입니다

나의 작은 에덴동산

어머니 집
울타리 안 작은 텃밭
배추, 열무, 파, 이름 모를 풀들
함께 어울려 평화롭다

내 치마폭보다 조금 넓은 밭에서
온갖 씨앗이 싹을 틔우고
물은 생명을 북돋는다

여기 들어서려면 신을 벗어야 한다
허울을 벗고
깨끗한 마음으로
무릎을 꿇어야 한다

이곳은 나의 예루살렘,
나의 작은 에덴동산

해설

인간 내면의 성찰과 시적 형상화

소재호(시인·문학평론가)

　임미양 시인의 시집 발간에 앞서 시 평설을 주문받은 필자로서 매우 놀라지 않을 수 없었다. 그는 한의학 박사(현 한의원장)로서 전공 분야가 이공계열인데, 전공 분야와 너무나 상반된 문학의 세계에 들어서서 사뭇 높은 경지를 보여주고 있기 때문이다. 임미양 시인은, 특히 성리학을 궁구하면서 현상 세계의 배후에 만물의 근원이 되는 형이상학적 실재가 있다고 믿는 듯하다. 이런 정신적 배경은 형이상학적 담론에 입각한다고 필자가 미뤄 짐작하고 있는 터여서, 임미양의 자아 안에 형이상학과 형이하학의 충돌과 융합이 어떻게 전개될 것인가에 대한 궁금증을 풀어가는 것이 이 글의 요체가 될 것이다.
　그러나 한편 필자가 안도할뿐더러, 임미양의 시적 경륜에 대한 믿음과 그의 시를 통한 인생 여정을 옆에서 지켜본바 오히려 필자의 한갓 노파심이었음을 고백하지 않을 수 없다. 이러한 확신은 시집을 감상하면서 더욱 굳어졌으며 시가 인문학적 편향으로, 그리고 형이상학적 경향으로 경도되는 점을 발견하였다. 임미양의 시세계는 인문학적 철리(哲理)를 담지하는 동시에 감성적으로 모든 사상에 접근하거나 독해하는 삶의 자세를 표상하고 있다. 또한 상징적 테크닉 구사나 형상화 구현에 있어서 소홀함이 없다. 시가 시 됨의 요건이나 체질 갖춤도 옹글고 바람직하여 이를 감히 높이 칭송하고 싶기도 한 것이다. 임미양의 시는 그 편편이 두드러지게 상징적으로 절묘하게 형상화가 구현되고 있다. 물론 감성적 심미적 정서의 결기 넘치는 시도 일부 포함되어 있긴 하지만 그의 시적 구도가 큰 그림 속에 피카레스크식 서사를 담고 있음도 주목할 만하다.

'왜 문학인가'란 질문은 이미 문학인에게 참신한 물음은 아닐 터이다. 문학에의 향유는 문학인에게 체질화 또는 본질화되어버린, 그러니까 문학이 곧 인생이란 융합적 통섭(統攝)을 건너온 바이기 때문이다. 시의 상징성에 대한 논법은 임미양의 시를 평하고 설하기 위해선 필연적 해법인 셈이다. 인간 본질의 진리성, 대아(大我)로 넘어가는 자아의 확대성, '사람이 곧 하늘이다'라는 동학적 우주관에 진입하고 있는 소위 우주화의 화법이 임미양 시인의 의식 구조 안에 가득 넘친다. 이

때 교응(交應)의 미학이 언급되지 않을 수 없으며 시의 상징과 시적 철학 문제를 거론해야 마땅할 것이다.

상징주의는 개체 대상에 대한 인식론으로부터 출발해 모든 현상적인 존재 양식에 있어서 가변적이고 가멸적인 가상에 불과한 것임을 간과하고, 인식 대상의 가상성을 극복하기 위하여 그것의 실상으로 간주되는 실체적 본질 탐구에 힘을 기울였다. 이때 실체 즉 본질은 시간성을 초월해 영원 불멸하고 절대적인 것이 되어야 하기 때문에 그것이 일종의 관념에 맞닿아 있어야 함을 알게 되었다. 그 본질이 현상적 존재와 유리되어 있거나 대립되어 있으면 모든 개체가 이원론적 모순에 빠지게 된다. 이를 극복하기 위해서 현상적 존재가 완전한 실상으로 존립할 수 있는 근거를 정립하고, 철학적 탐구와 시적 성찰에 부단히 노력을 기울여야 한다. 존재와 본질 간의, 가상과 실상 간의, 형식과 내용 간의, 요컨대 의미하는 것과 의미되는 것 간의 조화로운 합일을 도모하고 실현해야 하는 것이다.

결과적으로 상징주의는 이원론적 인식론으로부터 출발하여 변증법적 지양을 통해 존재론, 본질론을 거쳐 관념론 즉 플라톤적 '이데아'의 세계를 실현하게 된다. 궁극적으로 '이기 합일'하고 '색즉시공(色卽是空) 공즉시색(空卽是色)'이 되는 실상론(實相論)에 도달하게 되는 것이다. 이와 같은 상징주의 철학적 탐색은 시의 이론에서 더욱 두드러지게 그 결실을 맺은 바,

소위 '상징(Symbol)'과 '교응(Correspondence)'의 이론에 접근하게 되는 것이다.

> 뿌리를 깊숙이 내리고
> 사람 냄새를 맡고 사람 소리를 듣는다
>
> 바람에 흔들리며
> 하늘을 노래하고 하늘 소리에 귀를 댄다
>
> 하늘과 땅의 주고받는 속삭임
> 그 속에 하늘과 사람과 땅을 담으니
>
> 드디어
> 세상을 여는 꽃이 된다
>
> ―「사랑꽃」전문

'사랑꽃'은 한갓 한 그루의 식물이 아니라, 이미 의인화되어 있으며, 남녀 간 사랑 따위의 너스레를 떠는 화두가 아니다. 우주화로 확대되어 가는 성현의 반열에 속하는 존재자로 돌올하게 설정된 전지전능의 역량 발휘자이기도 한 것이다. 시의 메시지가 너무나 광활하고, 큰 사유에서 비롯됨으로 연유하여 그 파장은 사뭇 천 리에 뻗는다. 천지인(天地人)을 일컬어

삼재(三才)라 하거나 삼령(三靈)이라 한다. 동시에 이 삼재는 신령스러운 존재로서 만물의 근원인 것이다. 동학론에서 '사람이 곧 하늘이다[人乃天]'를 이 시에서 구현하는 듯하다.

노자는 천지의 신묘함을 '가믈코 또 가믈토다. 뭇 묘함이 이 문에서 나오는도다[玄之又玄, 衆妙之門]'라고 하였다. '가믈타'는 '가물다'라거나 '검다'란 말이 아니라 '오묘하다, 신묘하다' 등의 뜻을 지닌 예스러운 말이다. '사랑꽃'을 내세워 천지의 신비함을 또는 우주의 진리 운행을 듣고 깨치는 대각자(大覺者)로 설정함에 대하여 필자는 경이로움을 금치 못한다. '듣는 사람[聲시]'을 [聖시]에 혼돈하여 쓰는 옛 문헌이 있다. '듣는 자'는 우주의 섭리를 듣고 보고 깨닫는 자로 이 시에서 환언한다.

특히 4연에서 '사랑꽃'은 "세상을 여는 꽃"으로 상징화된다. "드디어"란 부사를 '비로소'로 대체해 보면 더 재미있다. 지금껏 있었던 세상이 아니라 비로소 새로 여는 세상이란 의미이니 이는 천지개벽을 의미한다. 이렇듯 '사랑꽃'은 천지조화나 우주적 섭리를 다 터득하고서 다음 세상인 별유천지비인간(別有天地非人間)의 이상향을 연다. 시적 철리(哲理) 갖춤이 명명(明明)하다. 결국 '사랑'이란 어휘가 회귀하여 영명하게 의미 맺힘을 갖춘다. 대자연, 대우주, 그리고 인류를 품는 것은 결국 '사랑의 힘'이라는 암시를 두어 이 시의 결기를 충만케 한다.

돈 맥클린의 기타가 노래한다
"아마도 그들은 듣고 있지 않을 거예요"

잠자는 교회 첨탑과
비둘기 울음 굴러내리는 지붕 위로
붉은 별들이 빙빙 도는구나
어느덧 맑고 푸르른 나도
한 채의 나무로 돌고 있다

어지럽다, 손을 저어 별들을 밀어내니
초록 바람 불어와
황량한 들녘을 건너가고
어디선가 다시 몰려온 붉은 별들
산 위에 핏발선 채 쏟아진다

달과 별이 돌고
지붕들은 팽이가 되고
나는 멈춰버린 시간의 중심축이 된다
낮과 밤으로 소용돌이치는
세상의 풍경을 노래한다

내 영혼의 떠돌이 자유여

"별을 바라보는 것은 언제나 나를 꿈꾸게 해"
―「별이 빛나는 밤―고흐를 읽는 밤」 전문

그리스 시대에 시모니데스란 사람이 말한다. "시는 말하는 그림이고, 그림은 말 없는 시"라고. 또한 당송 팔대가 중의 한 사람인 소동파는 "시중유화(詩中有畵) 화중유시(畵中有詩)"라 일렀다. 동서고금을 막론하고 예술에 종사했던 사람들은 시와 회화를 교합(交合)시키는 데에 주저하지 않았다. 인용 시는 고흐의 그림 〈별이 빛나는 밤〉을 모사한 듯한 착각에 빠지게 한다. 인상파의 그림답게 그 유파의 특색을 모두 함유한 작품인 것이다.

'별이 빛나는 밤'은 유순하고 그윽하지 않다. 생동하고 또는 혼돈하고, 정반합의 변증법을 구사하는 듯하다. 소용돌이치다가 정화되고, 정화해 가다가 다시 용솟음치는 듯한 화면에서 시적 자아는 그 화법(畵法)에 몰입해 가는 것이다. "잠자는 교회 첨탑"과 "비둘기 울음 굴러내리는 지붕"은 대칭의 이미지이다. 첫 연에서 아이러니 수법을 구사한다. '어지럽다'로 화폭은 내내 진행되고 '붉은 별들이 쏟아짐'을 시적 자아는 당황하면서 경이롭게 받아들인다. 이렇듯 임미양은 "낮과 밤으로 소용돌이치는 세상"을 그린다. 이 그림의 묘사는 자연 과학적 논법이 결코 아니다. 소위 '아이러니의 불꽃'이라고 시를 정의한 위런의 주장이 그대로 실재화한 느낌이다. '아이러니'는 이성적 합리적 문법이 결코 아닌 것이다.

 캔버스 앞에 섰다 침대에 누워
 서른다섯 번 토르티야로 말았던 몸뚱어리
 그저 붓만 홀로 그리고 있다

 못 박힌 나도 부활할까
 세상은 비단꽃인데 칠흑의 방에 누워 있다
 난 여기 있는데 신은 죽었다

 하나의 고통마다 붓질 한번
 초록 드레스에 자줏빛 달리아 꽂은 머리
 이미 이름 없는 태양 저편에 가 있다

 캔버스 앞에 누웠다
 꽃잎 휘날리며 걸어 나와
 파란 하늘, 파란 바다를 품는다

 젖무덤에 기댄
 파란 미소 한 점

          —「프리다 칼로」전문

이 시를 읽으면서 마치 유체이탈의 정황을 보는 듯한 느낌을 받았다. 화가인 프리다 칼로는 초현실주의 화법을 구사한 멕시코 사람이라고 알려져 있다. 초현실주의란 무엇인가? 다다이즘이나 심리학에서 말한 무의식의 담론에서 이탈하여, 이성의 속박에서 벗어나 비합리적인 것이나 비현실의 세계를 자동기술법과 같은 수법으로 구현하는 예술이 아닌가. 육신과 영혼이 분리된 채 "그저 붓만 홀로 그리고 있다"는 형용이 묘사의 실체인 것이다. "세상은 비단 꽃인데 칠흑의 방에 누워 있다"의 대칭 구조도 매우 흥미롭다. 말하자면 아이러니의 구도인 셈이다. 또한 "난 여기 있는데 신은 죽었다"라는 화두는 맹렬한 사유를 자아내게 한다. "꽃잎 휘날리며 걸어 나와/파란 하늘, 파란 바다를 품는다"에 이르러서는 원융회통(圓融會通)의 비범한 경지를 보여준다. '물에 사는 동물이 뭍에 올랐다가 하늘을 꿈꾸는 사람이 시인이다'라는 경구에 매우 합당한 삶의 정경이 아닐 수 없다.

    신원에 대해 누구도 묻지 않는다

    핏기 없는 얼굴이 찡그리는가
    텅 빈 마른 눈에 눈물이 고이는가
    전중에는 아픔이 짓누르는가

차가운 철제 베드에 남겨두고
분해되었다가 다시 추스려 주섬주섬
모은 나를 가지고 나온다

시커먼 복도를 유령처럼 걸어
그림자도 따르지 않는 길을 따라

벚꽃은 아직, 지지 않았을까

―「카데바 2」 전문

　박남수 시인은 「새」에서 "포수는 한 덩이 납으로/그 순수를 겨냥하지만/매양 쏘는 것은/피에 젖은 한 마리 상한 새에 지나지 않는다"라고 읊었다. 순수라는 이상을 추구하지만 실제로는 순수함을 얻지 못하는 인간의 한계와 아이러니를 내포하고 있는 것이다. 「카데바 2」에서, 시신은 이미 인간이 아니다. 영혼이 빠져나갔을뿐더러 아름다운 인간미는 이미 실종된 상태. 박남수 시인의 시구를 비유적으로 인용한 것은, 물상의 하나로 전락한, 인간의 실존적 가치를 잃은, 대상에 대한 역설적 연민을 임미양 시인이 읊고 있는 점을 부각하려는 의도이다.

　자아의 수많은 굴절을 라틴어로 '페르소나'라 한다. "분해되었다가 다시 추스려 주섬주섬/모은 나를 가지고 나온다"에서

'나'는 인간성을 배척한 냉혈적 자아로 굴절된 '자아'인 셈이다. 시적 화자는 "그림자도 따르지 않는" 폐쇄된 자아이거나 암흑 속에 갇힌 절대의 고독한 존재를 의미한다. 마지막 "벚꽃은 아직, 지지 않았을까"는 수사법으로 치면 돈강법이다. 담론의 진행이 아니라 다른 상황으로 변조되는 극적인 '능청'인 것이다. '벚꽃'은 냉소적 시적 자아에 대칭되는 이미지이다. 시의 영명한 슬기 발현이 선명하게 눈에 뜨이는 절묘한 시행인 것이다.

  열린 문이다

  열어야
  눈이 보이고
  귀가 들린다

  열려야
  나를 보고
  너를 듣고
  우리를 맡고
  땅을 맛보고
  하늘을 느낀다

닫아야

  비어야

  열리는 문이다
>   —「고독」전문

 데이비드 리스먼이란 사람이 쓴 책에서 '고독한 군중'이란 화두가 등장한다. 그는 사회적 성격을 전통지향형, 내부지향형, 외부지향형(타인 지향형)으로 이행한다고 견해를 밝혔다. 외부지향형은 또래 집단의 영향에 따라 행동하며 격리되지 않으려 애쓰지만 내면적 고립감에 번민한다고 한다. 이런 성격을 '고독한 군중'이라 규정한 것이다. 고독이란 세상에 홀로 떨어져 있는 듯이 매우 외롭고 쓸쓸함을 일컫는다. 결국 자기 폐쇄로 외부와의 문화적 정신적 교류를 차단함이니 스스로 자기 가둠인 것이다.

 인용 시에서 '문'은 외부와의 통로를 말함이니 문을 닫고 열고에 따라 '자아'가 '범자아'로 넓힘에 연관된다. 자아의 사회화, 자아의 자연화, 자아의 우주화는 고독의 울을 벗어던 질 때 가능하다. "나를 보고/너를 듣고/우리를 맡고/땅을 맛보고/하늘을 느낀다"고 하였으니 나를 가두는 물리적 장치나 심리적 폐쇄로부터 탈출해야 한다는 암시이다. 결국 "하늘을 느낀다"는 것은 시인의 우주관을 엿볼 수 있는 대목이다. 나를 열어서 맞이해야 하는 것이니 역설로 "닫아야/비어야" 저러한 행위가 이어짐을 언설하고 있다.

> 한 모금에 바람이 불고
> 한 모금에 마음이 뜨거워지고
> 한 모금에 생각은 꼬리를 물고
> 한 모금에 비가를 부르고
> 한 모금에 뼛속까지 두렵다
>
> 시고, 쓰고, 달고, 맵고, 쓰다
>
> 여기에 숨결이 다 들어 있었다
> 우주가 들어 있었다
>
> 한 모금 심연의 떨림으로
> 그렇게 내게 왔다
>
> ―「커피」전문

맛과 향을 즐기기 위해 마시는 차, 커피, 청량음료 등은 기호 음료이다. 기호 음료는 영양보다 심리적 생리적 욕구 충족을 위한 것으로 알코올성 음료와 비알코올성 음료로 나눈다. 그중 비알코올성 음료는 커피, 차, 콜라, 사이다, 광천수, 과즙

등이 있다. 커피를 마시며 연쇄적으로 일어나는 심리적 현상들, 즉 연상과 상상으로 발진하도록 자극과 충동을 자아낸다. 커피를 마시는 시간은 휴식의 시간이며 명상의 시간이다. 물리적 현상과 심리적 현상과 불교의 연기론(緣起論)에 입각한 '연'의 이어짐으로도 담론화한다. 커피 마심은 "여기에 숨결이 다 들어 있었다/우주가 들어 있었다" 하였으니 어떤 신(神)의 내림처럼 자아의 대아(大我)로의 확대라고 할 수 있다. 결구에서 "심연의 떨림"은 시적 결기를 확연케 한다. '심연'은 인간이 품는 모든 사상에의 바탕이며 모든 정서와 모든 사유를 발생케 하는 근원이다. 주지시의 전범(典範)이다.

  붉은 동백꽃,
  빛바랜 주홍 되어
  꽃샘바람에 날린다 아득한 벼랑으로
  툭툭 떨어지는 눈물꽃
  산새들은 한 줌씩 봄을 나르고 있는데

  하염없던 눈물 한 방울도 안 남아
  이젠 피가 눈물 되어 상처를 씻는다
  말라버린 산송장, 깊은 주름 할미가
  아들 손을 잡는다
  적막의 길섶, 무거운 고요

가엾은 테오토코스,
아들 곁에서 하늘은 눈을 감는다
온몸으로 십자 기둥 붙잡고
예전처럼 핏덩이를 닦으며
사랑하는 아들, 나의 하느님!

맞은편 어둔 산속 소쩍새 울음
까맣게 타버린 가슴을 쫀다

―「제4처」 전문

  이 시는 종교적 배경을 깔고 있으나 오히려 인간 세상의 범사인 듯 서정시 갖춤이 완연하다. "꽃샘바람"이 꽃을 지게 하고, 눈물 흘리게 하고, 적막의 길섶을 설정케 하며 무거운 고요를 끌어오게 하는 동인으로 상징적 어휘 역할을 한다. 시대의 어둔 상황이거나 종교적으로 사악한 악마의 발현을 유도한다. 예수와 성모의 만남을 '제4처'라 하였거니와 그 만남은 처절한 슬픔을 동반한다. '테오토코스'라는 하느님의 어머니까지 처참한 비통을 겪는다. 그러나 마지막 "맞은편 어둔 산속 소쩍새 울음/까맣게 타버린 가슴을 쫀다"에서 종교풍의 서사를 벗고 서정적 서사로 반전됨에 이르러 이 시의 시적 구조는 완성을 보인다. 여기서 "한 줌씩 봄을 나르고" "무거운 고요" "하늘은 눈을 감는다" "까맣게 타버린 가슴" 등의 표현들은 임미양 시인의 공감각적 또는 형상화의 절묘한 테크닉을 보여주는 사례라 할 것이다.

어머니 집
울타리 안 작은 텃밭
배추, 열무, 파, 이름 모를 풀들
함께 어울려 평화롭다

내 치마폭보다 조금 넓은 밭에서
온갖 씨앗이 싹을 틔우고
물은 생명을 북돋는다

여기 들어서려면 신을 벗어야 한다
허울을 벗고
깨끗한 마음으로
무릎을 꿇어야 한다

이곳은 나의 예루살렘,
나의 작은 에덴동산

―「나의 작은 에덴동산」 전문

"작은 에덴동산"이라 하였으니 그 "작은"이란 표현이 시선을 끈다. '작다'는 것은 꼭 크기의 작음만을 일컫지 않는다. '소박하다, 앙증맞다, 소소하다, 하찮다, 범사이다, 무시되어도 좋다' 등등의 의미를 내포한다. '에덴동산'이란 최초의 인간인 아담과 하와가 살았다는 이상향이며 천국의 이미지를 띤 거룩한 세계이다. 크고 위대하고 아름답고 지선극미한 영역이며, 악이 존재하지 않는, 인간이 꿈꾸는 중 최상의 세상이다. 임미양 시인은 여기에 '작은'이란 관형어를 붙여 '크게 욕심부리지 않는 내 작은 요람'이라는 프레임을 씌운다. 토마스 무어의 유토피아도 아니고, 이백(李白)이 말한 별유천지비인간(別有天地非人間)의 개념도 아닌 세계이다. 선계의 무릉도원도 아니며, 다만 한 뙈기 텃밭이 딸린 삼간 모옥(茅屋)쯤 되는 삶의 현장인 셈이다. 밭 갈아 채소 심고, 땅을 경건히 받들며 자연을 신성시하며 어머니 모시고 사는 소담스러운 삶을 읊고 있다.

"여기 들어서려면 신을 벗어야 한다/허울을 벗고/깨끗한 마음으로/무릎을 꿇어야 한다" 마치 신을 섬기듯이 작은 전원을 섬기는 시적 자아는 스스로 경건해지고 있는 것이다. 무소유요, 무위자연이요, 자연 회귀이며, 신의 섭리가 구현되는 것이다. '천국은 하늘에 있지 않고 내 마음 안에 있다'는 경구가 그대로 구현되는 정경이다. 특히 어머니를 모셔 오는 화자의 심경은 '에덴동산'의 완전한 달성을 희원하는 소이이다.

7월 20일

지구를 떠난 지 3년 7개월

150만 킬로미터를 건너왔다

지구와 태양의 인력 사이

균형이라는 말, 우주에도 존재한다

제임스 웹의 눈동자에 붙어

나는 투명한 먼지로 탑승했다

무산소, 무중력, 무심한 시간 속

지구에서는 보이지 않는 여기서

나는 여전히 살아 있다

잠든 은하의 심장 박동

소멸과 탄생의 교차점

숨결도 닿지 않는 바깥에서

나는 빛의 파편을 수집하는 거미줄에서

창백한 메탄의 숨결을 들었다

한 시절의 폭발이

숨처럼 되돌아오는 것을 느꼈다

그곳은 지구라 불리던 푸른 입김의 별

이산화탄소를 지워도 남는 건 손바닥 크기의 그늘뿐

내가 찾는 건

어머니의 체온이었다

우주가 식고

10년, 20년 지나 그가 눈을 감는 날

나는 돌아갈 것이다

다시 숨 쉴 별 하나를 품고

그 별의 끝자락에서

누군가 내 이름을 불러준다면

—「라그랑주점에서 쓴 편지」 전문

우주여행 중 지구를 관찰하는 내용이다. 천문 과학적 시선으로 우주를 운행하는 임미양 시인의 발상이 이채롭다. "잠든 은하의 심장 박동/소멸과 탄생의 교차점/숨결도 닿지 않는 바깥에서/나는 빛의 파편을 수집하는 거미줄에서/창백한 메탄의 숨결을 들었다" 마치 제2의 신이 지구의 환경을 들여다보듯이 전지적 1인칭 시점으로 묘사하고 있다. 결국 "내가 찾는 건/어머니의 체온이었다" "다시 숨 쉴 별 하나를 품고/그 별의 끝자락에서/누군가 내 이름을 불러준다면"에서 보듯 임미양은 지구의 희망을 피력한다. 인간적인 면, 그리고 시적 자아의 정서가 그대로 표상되어 있다고 할 수 있다.

　임미양 시인의 시는 주지시의 체질을 띠고 있다. 물론 감성적 서정시도 다수 포함하지만, 깊은 사유를 통한 인간 내면의 성찰이나 시적 철학의 메시지가 시집 전체를 관통한다. 형이하학성을 벗으며 인문학적 담론으로 넘나든다든지, 종교풍의 서사를 품으면서 삶의 명징한 지성을 형상화하는 양이 매우 뛰어난 경향으로 표상한다. 첫 시집이면서 시적 결기가 충만한 시 편편에 찬의를 얹는다.

문학의전당 시인선 398

나의 작은 에덴동산

ⓒ 임미양

초판 1쇄 인쇄 2025년 11월 4일
초판 1쇄 발행 2025년 11월 11일
지은이 임미양
펴낸이 고영
디자인 헤이존
펴낸곳 문학의전당
출판등록 제448-251002012000043호
주소 충북 단양군 적성면 도곡파랑로 178
전화 043-421-1977
전자우편 sbpoem@naver.com

ISBN 979-11-5896-719-2 03810

*이 책의 판권은 지은이와 문학의전당에 있습니다.
*양측의 서면 동의 없는 무단 전재 및 복제를 금합니다.
*잘못 만들어진 책은 바꿔드립니다.